武將的一天

古代人的一天

One Day of
the Chinese Generals

一天

段張取藝工作室　著／繪

三民書局

國家圖書館出版品預行編目資料

武將的一天／段張取藝工作室 著/繪.――初版三刷.
――臺北市: 三民，2024
　　面；　　公分.――（古代人的一天）

　　ISBN 978-957-14-7030-6 （平裝）
　　1. 中國史 2. 軍人 3. 通俗史話

610.9　　　　　　　　　　　　　109018387

 古代人的一天

武將的一天

作　　者｜段張取藝工作室
繪　　者｜段張取藝工作室

創 辦 人｜劉振強
發 行 人｜劉仲傑
出 版 者｜三民書局股份有限公司 (成立於 1953 年)

三民網路書店
https://www.sanmin.com.tw

地　　址｜臺北市復興北路 386 號　　（復北門市）　(02)2500-6600
　　　　　臺北市重慶南路一段 61 號 (重南門市)　(02)2361-7511
出版日期｜初版一刷 2021 年 1 月
　　　　　初版三刷 2024 年 9 月
書籍編號｜S630550
I S B N｜978-957-14-7030-6

三民書局

前言

　　一天，對於今天的我們，可以足不出戶，也可以遠行萬里；可以柴米油鹽，也可以通過網路了解全世界。那麼，一個有趣的想法冒了出來：古代人的每一天會怎麼過？我們對古代人的了解都是透過史書上的一段段文字和故事，從沒有想到他們的一天會是什麼樣子。他們是不是也和我們一樣，早上起來洗臉刷牙，一日吃三餐；晚上，他們會有什麼娛樂活動呢？基於這樣的好奇心驅使，我們開始進行創作，想把古代人一天的生活場景展現在讀者面前。

　　我們進行「古代人的一天」系列書的創作時，以古代人的身分（或職業）來進行分類，有皇帝、公主、文臣、武將、俠客、畫家、醫生、詩人等等。每種身分（或職業）有著不一樣的生活、工作。比如，皇帝早上究竟幾點鐘起床？起床後他會先工作還是先吃飯？他一天要做哪些工作？他的娛樂生活是什麼？公主的早上需要花多長時間梳妝打扮，她一天的生活與現代女性的有什麼不同？她會花時間讀書寫字嗎？她是練習琴棋書畫，還是忙著參與朝政？俠客為什麼要行刺？行刺前會制訂計劃嗎？如何選擇行刺時機和地點？他的一天究竟是怎樣度過的？

　　然而，古代人的一天是無法回溯的，古人對時間的感受也和我們不一樣，為了幫助讀者更容易理解古代人的一天是如何度過的，我們在豐富的歷史資料的基礎之上，架構了古代人的一天。

　　我們在創作中精細地設計了時間線。書中的「一天」是故事從開始到結束整個過程的所有時間，不是嚴格的從 0 點至 24 點完整的 24 小時的自然時間，書中貫穿每個人物一天生活和工作的時間線，也不是按照等分來規定每個小時的長度，時間線的創意設計是為了幫助讀者更容易了解故事發展脈絡。

　　在《武將的一天》中，我們根據古代的作戰方式的不同將戰役分為六類，有步戰、車戰、馬戰、水戰、守城戰、攻城戰。六位將領在這六種戰役中的一天的故事各不相同。在《武將的一天》中，讀者能夠了解古代的作戰武器、領略知名將領的指揮才能、欣賞栩栩如生的歷史戰爭場面，去思考戰爭成敗的決定性因素。讓讀者看到戰爭對歷史進程的作用，明白歷史發展的必然，從而更加珍惜當下的生活。

　　在創作《武將的一天》的具體內容時，需要對一些歷史事件進行濃縮，使一天的內容更為緊湊、豐富，我們借鑑了郭沫若先生在創作《屈原》以及《蔡文姬》的故事時所採用的手法，把精彩的故事濃縮在一天來呈現，這也是為了讓讀者更深入地理解歷史。

　　希望我們的努力能讓「古代人的一天」成為讀者喜歡的書，能夠讓讀者從一個新的視角去看待中國歷史，從而喜歡上中國歷史故事。

張卓明

2019 年 8 月

目　錄

　　人類的歷史也是一部戰爭史，古代戰爭和現在戰爭相比，雖然原始，但也充滿了人類的智慧與技巧。

　　從最原始的部落爭鬥到國家之間的戰爭，儘管帶來了巨大的損失，造成了人員傷亡，但也促進了民族文化的交流，推動了科學技術的發展。本書展現了六種不同戰爭模式下的六位武將代表，讓我們一起來看看他們精彩紛呈的戰場上的一天吧。

拜答爾

騎兵是我們橫掃天下的力量。

拜答爾的一天

王堅

守城戰靠的是充分的準備。

王堅的一天

戚繼光

以最少的犧牲消滅最多敵人才是王道！

戚繼光的一天

古代計時方式

番外篇 武將大亂鬥

中國歷史上六大著名的軍隊

小兵成長史

熊侶的一天

西元前 597 年，楚莊王熊侶率領大軍在邲（今河南省榮陽市）與晉軍對陣，晉軍的統帥荀林父在戰與不戰之間猶豫不決，手下將領多有不滿，內部矛盾叢生，各自為戰。

晉中軍、下軍撤退時陣腳大亂。

楚莊王親自指揮左路軍追擊趙旃。

魏錡　　　趙旃

未正 (14:00)
單車挑釁

楚莊王派樂伯等人駕車向晉軍挑戰，他們逼近晉軍營寨，成功割下了晉軍士兵的耳朵，又俘獲一名士兵後駕車向後撤退。

申初 (15:00)
兩個跳樑小丑

晉國將領魏錡、趙旃，一個想做公族大夫，一個求做卿大夫，但都無法達成。趙旃想要讓晉軍在此戰中戰敗，故對晉軍放走楚軍來挑釁的人很生氣。兩人請求去楚營挑釁，晉軍統帥荀林父拒絕；他們又請求去楚營議和，荀林父同意了。

未正二刻 (14:30)
樂伯獻鹿

晉軍派人追趕樂伯等人，左右夾擊。樂伯射中一隻麋鹿，派攝叔獻給晉國的追兵鮑癸，鮑癸下令停止追擊。

申正 (16:00)
營前來了個挑釁的人

魏錡假借議和的名義來到楚營，卻故意挑釁，楚國將領潘黨率軍追擊魏錡，到達榮澤的時候，魏錡射中一隻麋鹿獻給潘黨。潘黨下令不再追趕魏錡。

戰　車

每輛戰車上有三個人，左邊的人是車長，負責射箭。中間的人負責駕駛馬車。右邊的人一般來說都很強壯，因為他除了拿長兵器與敵人格鬥，必要時會與敵人近身搏鬥。

子初 (23:00)
混進了幾個奸細

趙旃又到楚營，在軍營門外席地而坐，命部下潛入楚營。

車 戰

商周時期，車戰曾經是兩軍交戰時的主要作戰形式。戰車兵是軍隊中的主力兵，以一輛戰車和其附屬士兵為一個基本作戰單位，稱之為一「乘」。而在計算各諸侯國的軍事實力時，也常常以「乘」為計算單位。「千乘之國」在春秋時期是軍事實力中等的諸侯國。

車戰比較適合平坦開闊的地形，一旦遇上山林沼澤就毫無用武之地，史書中常見因車馬被林木絆阻而遭敵人俘獲的事件。後來隨著騎兵的興起，戰車兵逐漸衰落，最終被騎兵取代。

次日｜午初二刻 (11:30)
楚莊王親自指揮軍隊追擊趙旃

楚軍抓獲了晉軍的奸細，楚莊王得知趙旃派人來楚營搗亂的報告後，親自指揮左路軍追擊趙旃，趙旃棄車逃入林中。

午正 (12:00)
敵人來了

晉軍在魏錡、趙旃出發後，特派軘車（兵車的一種）接應二人。楚國將領潘黨望見軘車奔跑時掀起的飛塵，趕緊通知楚軍，晉軍來襲。

午正二刻 (12:30)
勢在必得

楚國令尹（宰相）孫叔敖擔心楚莊王有所閃失，命令全軍出動，向晉軍進攻。

衝啊！

未正 (14:00)
晉軍潰敗

荀林父見楚軍大舉來攻，前有強敵，後有黃河，心中慌亂，竟在中軍敲響戰鼓說：「先渡過黃河的人，有賞！」晉國的中軍、下軍在混亂中一起湧向黃河岸邊，爭船搶渡，自相殘殺，很多人淹死了。

申初一刻 (15:15)
晉國上軍全身而退

晉國上軍統帥士季擔心魏錡、趙旃去楚營惹事，派上軍大夫鞏朔、韓穿設下七道伏兵以備萬一，因為準備充分，晉國上軍從容地撤退了，沒有太大損失。

別拉我的衣服！

救命！

撤退！

酉初 (17:00)
楚軍大獲全勝

到黃昏時，晉軍剩餘的士兵已經潰不成軍，夜裡加緊渡河，喧鬧了一夜。經過這一次戰役後，楚國的實力更加強大。後來，楚莊王成為春秋時期的霸主之一。

吾兒被俘，豈能袖手旁觀！

在潰散的晉軍中，晉國下軍大夫荀首之子智罃ㄧㄥ被楚國大夫熊負羈俘虜。

荀首立即率領麾下士兵，由魏錡駕車反擊楚軍。晉軍的下軍士兵也多跟隨他們，去尋找智罃。在反擊的過程中，晉軍射殺楚國連尹襄老。

晉軍抓獲楚國公子谷臣

楚莊王的兒子公子谷臣駕車來救連尹襄老，在與晉軍的交戰中被荀首俘虜。後來，荀首用公子谷臣和連尹襄老的屍體從楚國換回了兒子智罃。

奇特的幫助

被楚軍追擊、潰逃的晉軍的戰車陷入泥坑，無法前進。追過來的楚軍教他們抽去車前橫木並將之墊在車輪下，以便拉出戰車。但馬依然無法將戰車拉出泥坑，楚人又教他們拔去大旗，這才將戰車拉出泥坑。

晉軍覺得顏面掃地，他們不感激反而回頭對楚軍諷刺道：「唉！我們晉人沒有你們楚人熟悉逃跑的招數啊！」

用力推！

周瑜的一天

東漢末年，天下四分五裂。曹操成為北方的霸主，他夢想著統一天下。西元 208 年，曹操調集了二十萬大軍南征荊州。孫權和劉備在這種壓力下結成同盟，孫權派周瑜和程普率軍三萬與劉備、劉琦的兩萬軍隊會合，在長江流域的赤壁迎擊曹操大軍。

曹操水軍營寨

黃蓋

神仙保佑！

我的馬怎麼還沒送過來？

將軍，你的馬就在後面！

回合一　　曹操派出蔣幹遊說周瑜投降

蔣幹是曹操帳下幕賓（參謀），也是周瑜的同窗，他想遊說周瑜投降曹操。周瑜將計就計，做了一封曹操手下大將蔡瑁、張允和周瑜私通的假信，並故意讓蔣幹將信盜走，曹操看了信後，果然中計，殺了蔡瑁、張允這兩個懂得水戰的大將。

第一回合，周瑜勝。

回合二　　曹操使出詐降計

曹操第一回合輸了，不服氣，於是派出蔡中、蔡和來周瑜軍營假投降。周瑜識破這是曹操的計謀，但他故意不說破，打算利用蔡中、蔡和，推動自己後面的計劃順利進行。

這一回合，實際上還是周瑜占了上風。

回合三　　周瑜和黃蓋的苦肉計

周瑜也準備玩詐降這一招，為了讓曹操上當，大將黃蓋故意和周瑜吵了一架，周瑜一生氣，就下令狠狠地打了黃蓋一頓。周瑜生氣是假生氣，黃蓋挨打卻是真挨打，這就叫苦肉計。

苦肉計很有用，蔡中、蔡和後來悄悄地向他們的首領曹操報告，說黃蓋和周瑜翻臉了。

這一回合，還是周瑜領先。

回合四　　周瑜回曹操一個詐降計

使出苦肉計之後，黃蓋請闞澤送出自己的投降信。闞澤跑到曹軍水寨，說要投降曹操。曹操不信，沒想到闞澤演技精湛，面不改色，一一回應曹操的質疑，加上蔡中、蔡和的密報，曹操終於上當了。

這一回合，周瑜大勝，為火攻打好了基礎。

水　戰

中國南方多河流、湖泊，船的使用促使水戰這種戰爭形式逐漸發展起來。古代戰船有樓船、鬥艦、艨艟（古代戰艦）等不同型態，水戰的作戰形式豐富多樣。三國時期，水戰有遠程弓箭互射、火攻、近身格鬥以及艦首裝上錐狀的撞角（海戰武器）撞沉敵船等作戰方法。

回合五　　連環計

為了進一步確認黃蓋投降的真實性，蔣幹又到周瑜營中，試圖再刺探點情報。

周瑜故意讓蔣幹遇見龐統，蔣幹果然帶著龐統投靠曹操。龐統向曹操獻上連環計，幫助北方士兵克服不習慣乘舟作戰的缺點。實際上，這樣做的隱憂就是敵人一旦使用火攻，自己的船隊無法散開，會被一起燒光。而這正是周瑜火攻計劃中最關鍵的一環。

總之，幾個回合下來，周瑜完勝。

諸葛亮　魯肅　周瑜

我們用火攻，給他燒個一乾二淨。

黃蓋

甘寧，你們馬上出發！

找機會報告曹丞相去。

喏！

亥正 (22:00)
制定計劃，蓄勢待發

　　在水戰中，最具有殺傷力的一招自然是火攻，尤其是在敵人的兵力占絕對優勢的情況下。

　　但是火攻受外部條件影響很大，尤其是風向。所以，為了火攻順利進行，周瑜做了大量準備工作。

次日│寅初二刻 (3:30)
調兵遣將

　　周瑜下令兵分兩路進攻曹軍。一路派甘寧等人率軍去燒曹軍的糧草，叫蔡中引路。他們的路程最遠，故最先出發。另一路以黃蓋為先鋒，率領二十艘火船，以投降的名義率先發起火攻。其餘諸將分四隊，每隊各引三百艘戰船，前面各擺了火船二十艘，隨後進攻。

子初 (23:00)
「東風」來了

　　這時周瑜發現風向不對，急得想吐血。

　　諸葛亮懂得看天象，知道晚上會刮「東風」，而且這個風向非常適合火攻。子初，果然刮起了東南風。

午正 (12:00)
烈火需要乾柴

　　黃蓋的攻擊隊將蘆葦、乾柴以及油罐搬上火船，用青布遮蓋起來，豎起軍旗，做好進攻的準備。

要開戰了！

申初 (15:00)
派人約降

　　黃蓋率領的火船準備齊全，他派人划小船前往曹營送信，約定當晚投降。

戌初 (19:00)
火船出發

　　周瑜下令斬蔡和祭旗，黃蓋乘火船出發，船上插青龍牙旗，中間一面大旗，上面寫著「先鋒黃蓋」四個大字。周瑜大軍隨後跟進。

一　　　　　　　　二　　　　　　　　三

≪　油罐的製作過程　≫

第一步，抓魚。因為讓火燒得快的最好方式就是火上澆油，這時候沒有汽油、煤油，所以，動物油是最好的助燃物。

第二步，熬魚油。魚油是熬出來的。

第三步，實戰檢驗。將魚油裝入雞蛋殼，放入土罐，撒上硫磺，用布包住罐口，製成油罐，進行實驗。

曹操水軍營寨

點火！進攻！

戌正 (20:00)
黃蓋火船攻向曹操水軍營寨

黃蓋用刀一揮，火船隨即被點燃，風助火勢，二十艘火船向曹操水軍營寨方向衝去。

戌初三刻 (19:45)
曹操派兵攔截

曹操意識到黃蓋投降的事情有問題，派文聘率領十多艘快船攔截，不讓黃蓋的船靠近曹操水軍營寨。文聘率領一隊快船阻截黃蓋，卻被黃蓋一箭射中左臂。

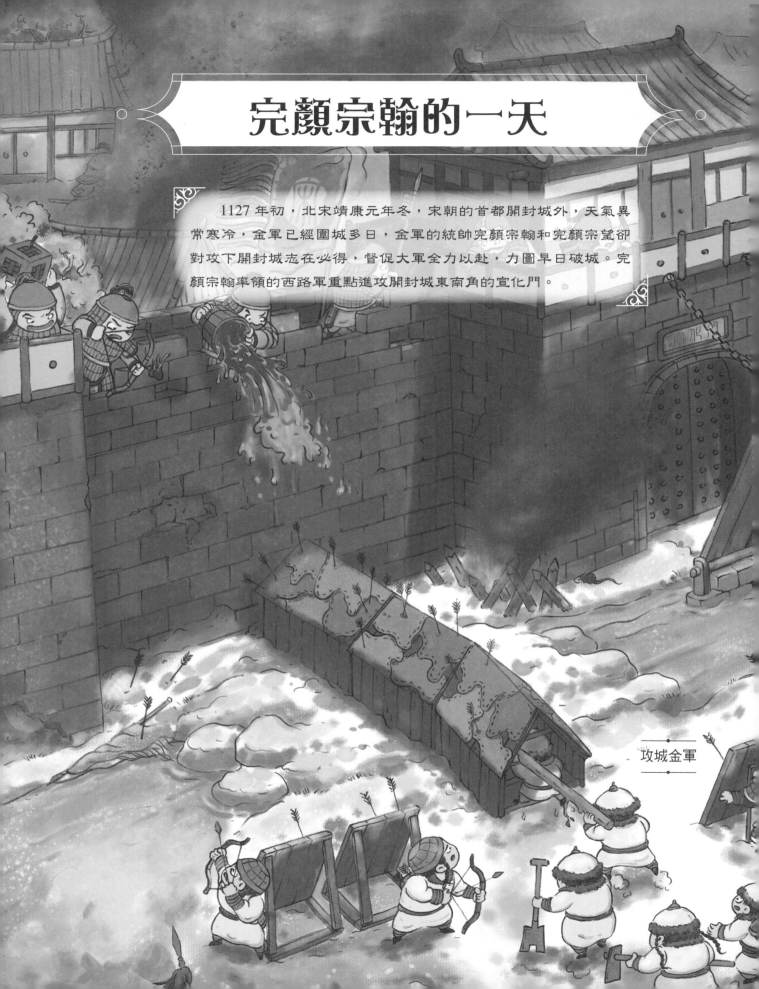

完顏宗翰的一天

　　1127 年初，北宋靖康元年冬，宋朝的首都開封城外，天氣異常寒冷，金軍已經圍城多日，金軍的統帥完顏宗翰和完顏宗望卻對攻下開封城志在必得，督促大軍全力以赴，力圖早日破城。完顏宗翰率領的西路軍重點進攻開封城東南角的宣化門。

攻城金軍

攻城地道戰

形式一

從城外直接挖一條通向城內的地道，用來幫助攻城的軍隊攻城。

形式二

破壞城牆。基本方法是在城牆的地基下挖掘一個足夠大的空間，先以木頭支架支撐挖掘的空間，然後放火焚燒支架，造成地基鬆動下陷，使城牆倒塌。

古代的防護器具

進行地下作業的士兵通常都會帶一張大約兩平方公尺、生牛皮做成的布，主要功能是當守城的軍隊用毒液破壞地道時，可以張開牛皮布，固定在排沙柱上以阻擋毒液流入地道對士兵造成傷害。

金軍攻城器具的來源

在攻打開封城時，金軍中有一支部隊專門負責搜集戰略物資，如木頭、石塊等，用來製作各類攻城器具。原料多就近取材。

讓金軍嚐嚐猛火油的滋味！

統帥，天氣好像變得比前幾天更冷了。

巳初三刻 (9:45)
統帥親自督戰

金軍統帥完顏宗翰每天都要到前線觀察戰況，想找到宋軍防守的薄弱之處，作為攻城的突破點。

巳正二刻 (10:30)
看我的猛火油

城牆上的宋軍眼見金軍把一段段城壕和護城河填平，已經把洞屋推進到城牆下，趕緊從城牆上往下倒猛火油並點燃，阻止金軍繼續攻城。

巳正 (10:00)
洞屋已至城下

開封城外的壕溝是金軍攻城的一個棘手的障礙，所以攻城時金軍一時無法靠近城牆。他們搭建「洞屋」向城牆推進，通過洞屋運送土、木、石頭等雜物，填塞壕溝及護城河。戰場上洞屋首尾相連，就像是一節節的火車車廂。

午初 (11:00)
挖！挖！挖！

在洞屋的掩護下，金軍的士兵帶著專用工具（其實就是鏟子、鋤頭等挖土的工具），開始挖地道。

完顏宗翰的一天

戌正 (20:00)
今年冬天比較冷

　　此時，天氣寒冷，大雪紛飛，連護城河裡的水都結冰了，守城宋軍的手腳都凍僵了。

戌正一刻 (20:15)
機不可失

　　完顏宗翰接到報告說天降大雪，頓時喜出望外，這場大雪在他看來就像老天都在幫他們。

≪ 攻城戰 ≫

攻城戰往往是一種非常耗時、耗力的戰爭形式，少則幾個月，多則數年。為此，人們發明了各種各樣的攻城武器和戰術，以便能夠順利地攻城拔寨。

戌正二刻 (20:30)
集中兵力攻打宣化門

　　完顏宗翰命令金軍重點進攻開封城東南的宣化門。金軍的火力集中在此，宋軍在宣化門的防守一度撑不下去。

亥初 (21:00)
皇帝迷信郭京能退兵

宋欽宗迷信道士郭京的六甲兵可以幫助宋軍破敵。郭京也真的以為自己是個重要人物，他登上城牆驅散守城的宋軍，宣稱他在作法時不能被人打擾。

亥正 (22:00)
郭京的法術不靈

宣化門大開，郭京派六甲兵出城討伐金軍，金軍趁勢進攻，兩百多名鐵騎殺入六甲兵中，很快，六甲兵潰敗，金軍攻入城中。郭京一看，情形不妙，聲稱他要下城作法，趕緊逃走了。

子初 (23:00)
城破

金兵趁宣化門防守混亂，登上城牆。之後，外城的東水門等相繼被攻破。開封城的外城陷落，內城的居民開始了將近五個月被金軍圍困的生活，直至靖康二年三月，金軍帶著宋徽宗、宋欽宗以及皇族、大臣、百姓等，共十萬人以上，還有無數的金銀珠寶北還，史稱「靖康之變」。

拜答爾的一天

1241年4月9日，波蘭的列格尼卡城外的瓦爾斯塔特平原上，蒙古西征大軍右翼部隊的統帥拜答爾，率領蒙古騎兵與波蘭的西里西亞公爵亨利二世率領的歐洲聯軍在這裡即將展開生死決戰。

拜答爾

辰初 (7:00)
衝鋒

歐洲聯軍統帥亨利二世命令重騎兵向蒙古軍發起衝鋒。

旗　語

傳令官打出旗語。

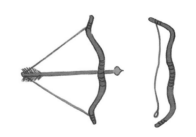

輕箭箭頭

重箭箭頭

《　　箭　矢　　》

箭矢，也就是箭，分輕箭、重箭。輕箭射程遠，穿透力弱，專門對付披甲單薄的步兵；重箭射程近，穿透力強，專門對付重甲騎兵。

《　　蒙古複合弓　　》

蒙古人的複合弓射程較遠、殺傷力較大，射程可達二百公尺，且體積短小，適宜騎兵使用。

辰正 (8:00)
準備迎戰

蒙古軍隊的統帥拜答爾發布進軍命令，他身後的騎兵嚴陣以待。

蒙古輕騎兵

蒙古輕騎兵的騎射技藝精湛，通常一個士兵配幾匹備用馬，長途奔跑襲擊的能力強。

蒙古軍隊的軍糧

乾乳酪、肉乾、馬奶酒是蒙古軍隊的主要軍糧。

傳令！左右兩隊輕騎兵開始誘敵！

辰正二刻 (8:30)
讓人生氣的戰術

面對衝過來的歐洲重騎兵，蒙古軍隊的前鋒輕騎兵開始對歐洲聯軍進行試探性攻擊。他們迅速散開，用弓箭射擊敵人。在密密麻麻的箭雨中，歐洲騎兵追也追不上，打也打不到，吃盡了苦頭。

打不到！氣死你！

我刺！

辰正三刻 (8:45)
追不上

　　手持長矛和盾牌的歐洲騎兵左突右衝，奮力向前，始終無法接近蒙古輕騎兵，反而中箭的人越來越多，不得已敗回陣中。

巳初一刻 (9:15)
歐洲聯軍全軍發起進攻

　　亨利二世重整陣形，向蒙古軍隊再次發動進攻，他命令大軍全力突擊。蒙古軍隊開始敗退，亨利二世下令追擊，歐洲騎兵在追擊過程中與步兵漸漸拉開了距離。

巳正 (10:00)
致命的煙霧

　　歐洲聯軍的陣形大亂，步兵大大落後於騎兵，蒙古軍趁機在戰場上製造了擋住視線的煙霧，遮擋了進攻中的歐洲騎兵和步兵的視線。

這麼大的煙，我們該往哪裡走？

巳正一刻 (10:15)
小心有詐

　　歐洲騎兵在煙霧中無法辨別方向，而在煙霧外的蒙古輕騎兵已經向他們射出重箭。人馬倒斃者不計其數。

快跑！

巳正二刻 (10:30)
蒙古重騎兵展現威力

　　拜答爾見歐洲騎兵已是強弩之末，下令蒙古重騎兵做好進攻的準備，隨時出擊。

蒙古重騎兵

全套金屬鎧甲的重騎兵，主要兵器是長槍，每個士兵還帶一柄彎刀或一根狼牙棒。蒙古彎刀十分鋒利，對於輕甲或者沒有盔甲的敵人能造成重傷。

拜答爾的一天

巳正三刻 (10:45)
歐洲聯軍陷入包圍網

被包圍在重重煙霧中的歐洲聯軍根本看不清蒙古軍，也無法進攻，中箭的人跟馬更多了。

午初 (11:00)
蒙古重騎兵出擊

歐洲聯軍陷入了拜答爾設計的包圍網，蒙古重騎兵上場，與歐洲聯軍展開近身搏鬥。在混亂中，歐洲聯軍統帥亨利二世被殺。歐洲聯軍的步兵全軍覆沒。

混亂中亨利二世被殺

歐洲聯軍的騎兵也傷亡慘重，領軍的貴族們都力戰而死，聖殿騎士團全部陣亡，條頓騎士團首領身負重傷。歐洲聯軍遭到重挫，蒙古軍隊的名聲從此響徹歐洲。

《 **歐洲三大騎士團** 》

聖殿騎士團、條頓騎士團、醫院騎士團是當時歐洲的主要騎士團。

《 **歐洲騎士** 》

歐洲重甲騎士裝備精良，待全身鎧甲穿好後，身體比較笨重，上馬都需要借助梯子。他們也會給馬穿上甲衣，保護他們的坐騎。

《 **蒙古馬** 》

蒙古馬耐力好，可以持久奔跑，適合長距離作戰。歐洲騎士的高頭大馬看上去威風，但耐力不好，衝刺一段距離之後體力便消耗殆盡，無以為繼。

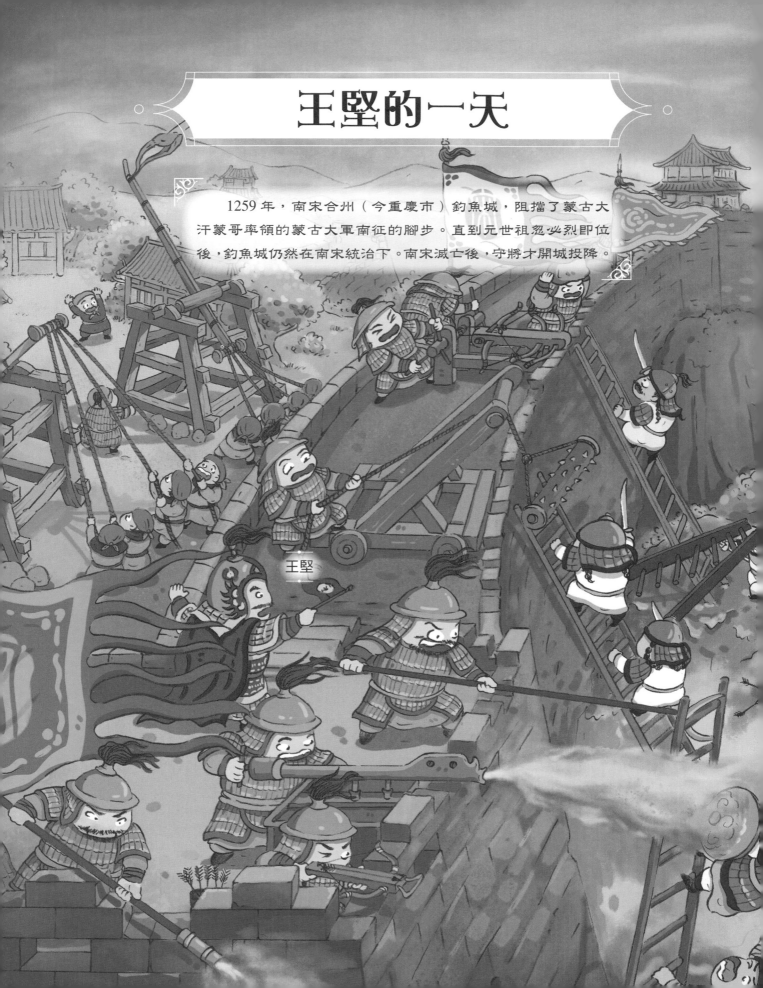

王堅的一天

1259 年，南宋合州（今重慶市）釣魚城，阻擋了蒙古大汗蒙哥率領的蒙古大軍南征的腳步。直到元世祖忽必烈即位後，釣魚城仍然在南宋統治下。南宋滅亡後，守將才開城投降。

王堅

辰正 (8:00)
蒙古軍攻城

綿綿細雨中，釣魚城守將王堅登上城樓巡視，他往下一看，發現蒙古大軍正在架雲梯攻城。

辰正一刻 (8:15)
雲梯突然斷了

攻城雲梯因為連日雨水的侵蝕而突然折斷，蒙古兵只好暫時退回大營。

汪德臣

巳初 (9:00)
砸死了一員大將

蒙古軍的先鋒大將汪德臣騎著馬到城下，想通過喊話招降城中守軍。不料，他剛向城內喊完話，就被城中射出的飛石擊中，受了重傷，後來死在了軍中。

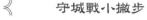
守城戰小撇步

對於守城的將軍來說，防守一座城池需要周全的準備。除了要修建堅固的城牆、準備各種防守武器，更重要的是儲存足夠多的糧食和飲用水。除此之外，還有其他方面的因素會影響戰爭結局，比如惡劣天氣、瘟疫等。

瘟疫是最可怕的敵人

釣魚城地處長江流域，夏季濕熱難耐。蒙古兵戰鬥力很強，卻受不了南方濕熱的氣候，許多人都生病了。軍中人口密集，漸漸地瘟疫開始流行，成為最可怕的敵人。士兵們十分恐慌，士氣很低沉。

午初三刻 (11:45)
天降大魚

突然間，城牆上投下了兩個重物。城下蒙古兵還以為遭遇宋軍襲擊，定睛一看，投下來的重物卻是兩條十幾斤重的大魚。

午正 (12:00)
再來一場大餅雨

蒙古兵正百思不得其解時，只見天上又降了一場「大餅雨」，原來是守城宋軍投過來的麵餅。

午正一刻 (12:15)
箭頭上有一封信

　　忽然間，又看到一支箭「咻」的一聲射在營前的地上。蒙古兵取下箭上綁著的紙條，交給大汗蒙哥。只見紙上寫著：「即使再過十年，你們也無法攻下釣魚城。」蒙哥氣急，責令手下全力攻城，宋軍、蒙軍在對峙近半年後，終於展開了最激烈的交鋒。

說的是什麼話，氣死我了！

好吃。

蒙哥

未初 (13:00)
大汗親自督戰

　　蒙哥為鼓舞士氣，親自上陣，督軍攻城。

《　望　樓　》

攻城戰中，觀望、偵察用。

未正 (14:00)
王堅腦袋裡靈光一閃

　　王堅到城牆上督戰，看見城外密密麻麻、排列整齊的蒙古軍隊，對操作拋石機的士兵們說：「想辦法教訓他們！砸死他們！」說完，城內發出如雨般的飛石，射向蒙古軍中。

申正 (16:00)，
打中啦

命運眷顧了釣魚城的守軍，一顆石彈擊中了在大軍中的蒙哥。蒙哥受傷，不久後死在釣魚城外。

拋石機

冷兵器時代強大的遠程攻擊武器。以人力拉動機杆，靠機梢拋出石彈進行攻擊。它在宋代得到大力發展，並且在實戰中被廣泛使用。

蒙古人撤了

蒙哥薨逝於軍中，蒙古大軍立刻撤軍回師，推舉新的大汗，釣魚城之圍順勢而解。蒙古發動的這場滅亡南宋的戰爭全面瓦解，使南宋的國運得以又延續了二十年。

在此之前的 1252 年，蒙哥派他的弟弟旭烈兀發動了蒙古軍的第三次西征，旭烈兀的大軍攻占了阿拉伯半島大部分地區，當他正準備進攻埃及時，獲悉蒙哥死訊，旭烈兀遂率大軍返還，蒙古人的第三次西征被迫中止。

戚繼光的一天

1561 年，明嘉靖四十年春，一萬多名倭寇搭乘數百艘戰船進犯浙江。總兵官戚繼光部署好台州的防禦後，親率主力趕赴寧海。可是倭寇得知戚家軍去了寧海後，又分三路進犯台州。倭寇的主力究竟會進攻哪裡，成為戚繼光最頭痛的問題。

急報！倭寇襲擊新河！

未正 (14:00)
新河告急！

　　新河出現倭寇！戚家軍的家眷都在新河。將士們十分焦急，紛紛要求趕緊救援新河。戚繼光判斷出現在新河的倭寇不是倭寇的主力，因此派部下率部分軍隊增援新河。

酉正 (18:00)
前進，去台州！

　　不出所料，進犯新河的倭寇不是主力。戚繼光判定倭寇主要進攻方向在台州一帶，率剩餘的戚家軍急行軍七十里趕至台州。

將軍，我們的家人都在那裡，趕緊回去救援吧！

沒事，有我老婆在，倭寇沒辦法胡作非為的。

倭　寇

指的是十四到十六世紀，侵擾劫掠中國和朝鮮沿海地區的日本商人和海盜集團。

《　薙　刀　》

日本長柄武器的一種。也可以寫做眉尖刀。

《　日本刀　》

倭寇的武器以日本刀為主，它刀刃鋒利，刀身堅固，製作工藝非常先進。

《　種子島火繩槍　》

葡萄牙人漂流到種子島後將火繩槍傳入日本，日本人便以種子島命名這種火槍。

次日 | 卯初 (5:00)
打退倭寇，就能吃飯！

戚家軍一到台州，就得知一大隊倭寇已經到了台州城附近的花街。他們來不及吃飯就要上戰場，戚家軍十分饑餓。戚繼光命令伙食兵開始做飯，並對士兵們說，打退倭寇，回來吃飯！

卯初三刻 (5:45)
一字長蛇陣

倭寇列隊成一字長蛇陣迎戰戚家軍。這個陣聽起來很厲害，其實就是大家一字排開。

卯正 (6:00)
開槍

戚繼光首先命令前鋒用火器輪番射擊，他十分重視火器在戰爭中的運用，戚家軍的火力裝備十分強大，鳥銃、大砲，一應俱全。

≪ 佛朗機砲 ≫

由葡萄牙人傳入中國的一種火砲，明代稱葡萄牙為佛朗機，所以把這種火砲稱為佛朗機砲。

≪ 鳥　銃 ≫

一種舊式火器，因為可以射落飛鳥而得名。又名鳥嘴銃，因其點火結構在點火時如鳥嘴啄水。

≪ 虎蹲砲 ≫

由於佛朗機砲比較笨重，戚繼光改良出一種輕便的火砲，稱之為「虎蹲砲」。它結構簡單，適合在軍中大量裝備。

變陣！

卯正一刻 (6:15)
變陣

戚繼光發現花街地形狹窄，不利於大軍展開。但他早有準備，命令全軍以鴛鴦陣迎擊。

≪ 狼筅 ≫

狼筅為利用南方堅實的毛竹製成，每支狼筅長3公尺左右，狼筅手利用狼筅前端的利刃刺殺敵人，以掩護盾牌手的推進和後面長矛手的攻擊。

≪ 鴛鴦陣 ≫

由十一人組成，排列在前面的是盾牌手，後面的是狼筅手、長矛手以及擔任保護作用的鐺鈀手。矛與盾結合，構成一個完美的殺陣。適合道路狹窄的情況下使用。

≪ 兩儀陣 ≫

鴛鴦陣的變陣，十一人陣形變成兩組。

≪ 三才陣 ≫

鴛鴦陣的變陣，狼筅手居中，後面是鐺鈀手，左右兩翼各有一個盾牌手、兩個長矛手，隊伍橫向展開，適用於比較寬的道路。

卯正二刻 (6:30)
團結力量大

倭寇一衝上來,便被狼筅手擋住,當他們用刀試圖砍斷狼筅時,戚家軍的長矛手便一頓猛刺。倭寇痛得哇哇亂叫,一點對抗戚家軍的辦法也沒有。

《 步 戰 》

古代戰爭最主要的形式之一。利用各種陣形,步兵可以有效地對抗戰車兵和騎兵,而且訓練成本比戰車兵、騎兵要低得多。因此,步兵數量一般比其他兵種多。

卯正三刻 (6:45)
追擊

倭寇無計可施,與戚家軍再打下去只有死路一條。於是,倭寇扭頭就開始逃跑。

辰初 (7:00)
戚家軍獲勝

戚繼光率部追擊倭寇至瓜陵江邊,倭寇泅水(游泳)渡江,許多人被淹死。戚家軍大獲全勝,殲敵三百餘人,救回被俘的百姓五千餘人。後來,戚家軍又連續作戰十多次,屢戰屢勝,徹底趕走了進犯台州的倭寇,取得了著名的「台州大捷」。

古代計時方式

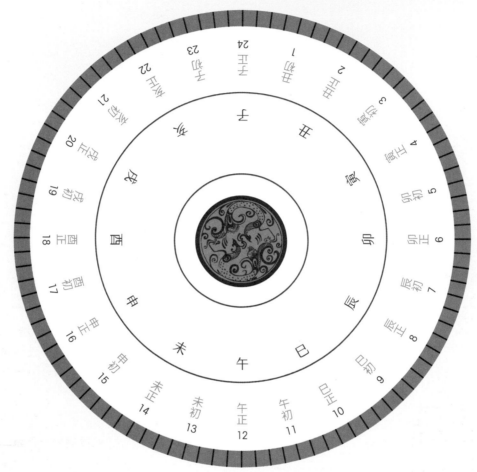

一刻等於十五分鐘

約西周之前，把一天分為一百刻，後來又改百刻為九十六刻、一百零八刻、一百二十刻。所以不同時代每個時辰對應的刻度可能會有差別。《隋書‧天文志》中記載，隋朝冬至前後，子時為二刻，寅時、戌時為六刻，卯時和酉時為十三刻。到了清代，官方正式將一天定為九十六刻，一個時辰（兩個小時）分八刻，一小時為四刻，而一刻就是十五分鐘，一直沿用至今。

時辰的劃分

時辰是中國古代的計時方法。古人把一天分為十二個時辰，並用十二地支來表示時辰。如：子時 (23:00–1:00)、丑時 (1:00–3:00)，以此類推。到唐代以後，人們把一個時辰分為初、正兩部分，細化了時間劃分，方便了人們的生活。

晨鐘暮鼓

古代城市實行宵禁，定時開關城門，在有的朝代，早晨開城門時會敲鐘，晚上關城門的時候會擊鼓。鼓響了之後，在城內、城外的人都要及時回家，不然城門一關就回不了家了。

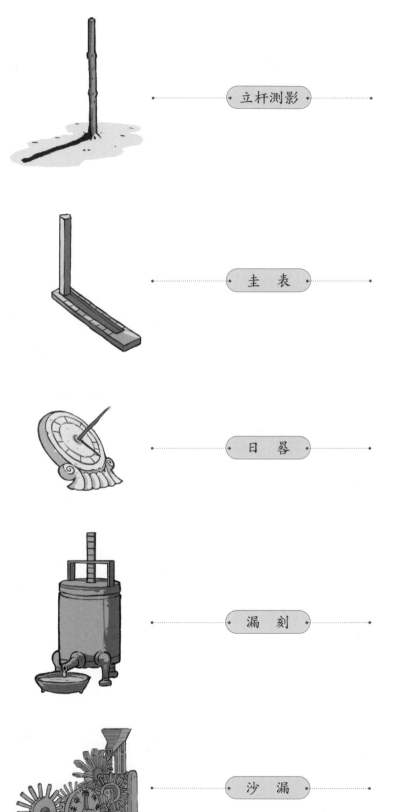

立杆測影

這是人類較早使用的計時方式。用一根杆子直立在地上，觀測陽光下投射的杆影，根據杆影的長短區分白天的不同時刻。也是最原始的計時方式。

圭　表

商、周時期使用較多的計時方式，由圭和表兩部分組成。這是一種透過測量日影計時的古代天文儀器，比在地上立根杆子要正規多了，缺點就是精準度不高，而且在陰天和晚上無法用。

日　晷

又稱「日規」，利用太陽的投影方向來確定時刻。由晷針（表）和晷盤（帶刻度的表座）組成。有地平式日晷和赤道式日晷。日晷的設計比圭表更為準確合理，但同樣在陰天和晚上不能使用。

漏　刻

也稱箭漏。它是一種滴漏計時工具，在中國古代應用十分廣泛。水流出或流入壺中時，帶有刻度的箭杆會相應下沉或上升，透過箭杆上的刻度線來指示時刻。但是冬天氣溫低，水一結冰就不能使用了。

沙　漏

因為冬天水會結冰，所以人們又想出用沙子來代替水，作為計時工具的動力來源，於是發明出了沙漏。但沙漏計時有個缺陷，漏孔容易被沙子堵塞。

中國歷史上六大著名的軍隊

虎豹騎

東漢
25年-220年

東漢末年，曹操麾下的精銳部隊，曹純曾統領虎豹騎圍攻南皮。士兵都是從百人將中選拔的。

鐵浮屠

金
1115年-1234年

金國大將完顏宗弼組建的精銳重甲騎兵。鐵浮屠又被稱為鐵浮圖，「浮屠」是「塔」的意思，為南宋時人們對金軍重裝騎兵的一種稱呼。

玄甲軍

唐
618年-907年

唐代李世民擔任秦王時，所組建的精銳部隊，身穿黑衣黑甲，清一色的騎兵。戰時，李世民親自領軍，玄甲軍是軍中的前鋒部隊。

怯薛軍

元
1206年–1368年

　　成吉思汗時組建的親衛部隊，主要由貴族、大將以及質子（軍隊名，由將領的子弟組成）、異能之士所組成。怯薛軍在蒙古和元朝一直是皇帝的近侍，深受皇帝信任。

背嵬軍

南宋
1127年–1279年

　　南宋岳飛麾下岳家軍的精銳部隊，由他兒子岳雲統領，包括步兵和騎兵。金人曾感嘆「撼山易，撼岳家軍難」，這其中大部分功勞是屬於背嵬軍的。

戚家軍

明
1368年–1644年

　　明代將領戚繼光創建的軍隊，成員中很多人是浙江義烏人，在對抗倭寇的戰鬥中戰績卓著，勇猛善戰，威震四方。

中國歷史上六大著名的軍隊

小兵成長史

歷史上的傳奇名將的故事讓我們神往，
我們來看看在明代的時候，
一個小兵是如何一步步成長為將軍的吧！

游擊將軍

統率邊防軍，一營三千餘人，這個級別通常是由功臣、外戚擔任，分別掌管駐地防守和支援。

守備

通過不懈的努力，你終於成為軍隊中的中層骨幹，正五品。

把總

你成功邁出了第一步，現在是明代陸軍基層軍官，正七品。

小兵

從小兵開始。

參將

到了這個層次的你，已經成為了能鎮守邊區的統兵官。戚繼光剛開始與倭寇作戰的時候，就曾擔任過參將。

副總兵

登往頂峰的路只差一步之遙了。這個級別，通常是由公、侯、伯、都督擔任。總鎮一方的副總兵為鎮守，獨鎮一路的為分守，和主將守衛同一座城池的為協守。

總兵官

恭喜你！至此，你已經到達頂峰，完成了從小兵到大將軍的夢想。總兵官是明朝的軍區司令，明朝開國功臣徐達就曾擔任過總兵官，戚繼光因抗倭有功也晉升為總兵官。

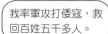

武 將 的 一 天
參考書目

───────────────────❖───────────────────

（晉）陳壽，《三國志》。

（宋）司馬光編撰；（元）胡三省音注，《資治通鑒》。

（宋）曾公亮等著；陳建中、黃明珍點校，《武經總要》。

（元）脫脫等，《宋史》。

（元）脫脫等，《金史》。

（明）戚繼光，《練兵實紀》。

（明）《萬曆合州志》。

（明）羅貫中，《三國演義》。

（清）張廷玉等，《明史》。

馮寶志，《中華歷史通覽・上古先秦卷》，中華書局。

范中義、仝晰綱，《明代倭寇史略》，中華書局。

管軍，《中國古代的「皇杖」》，中國法制出版社。

清渠，《上下五千年難解之謎：3》，北京工業大學出版社。

鍾敬文，《中國民俗史・宋遼金元卷》，人民出版社。

伯仲，《中國傳統兵器圖鑒》，東方出版社。

王俊奇，《魏晉南北朝體育文化史》，北京體育大學出版社。

沈從文，《中國古代服飾研究》，商務印書館。

梁修齊，《鐵炮傳入日本及其影響》，東北師範大學碩士論文。

劉永華，《中國古代軍戎服飾》，清華大學出版社。

劉永華，《中國歷代服飾集萃》，清華大學出版社。

劉永華，《中國古代車輿馬具》，清華大學出版社。

林永匡，《清代衣食住行》，中華書局。

康玉慶，《奇跡天工・功夫》，天津教育出版社。

徐正英、常佩雨譯注，《周禮》，中華書局。

韓志遠，《元代衣食住行》，中華書局。

王其鈞，《古建築日讀》，中華書局。

李乾朗，《穿牆透壁：剖視中國經典古建築》，廣西師範大學出版社。

侯幼彬、李婉貞，《中國古代建築歷史圖說》，中國建築工業出版社。

（瑞典）多桑著；馮承鈞譯，《多桑蒙古史》，上海社會科學院出版社。

孫雅彬，〈赤壁火攻用的什麼油〉，《民間故事選刊・下》。

李新貴譯注，《籌海圖編》，中華書局。

───────────────────❖───────────────────